本霊言は、2012年8月29日(写真上・下)、幸福の科学総合本部にて、
質問者との対話形式で公開収録された。

まえがき

たいへんおそれ多いことではあるが、今夏、韓国、中国などによる、わが国の主権侵害に対し、今上天皇からお言葉を頂けないかと思った。

この国の首相には、あまり重い信頼は置けないので、天皇陛下直々《じきじき》にお言葉を頂戴《ちょうだい》することができれば、国民も安心し、諸外国に対しての日本の立場も明確にできるのではないかと思う。

予想を超えて、守護霊のメッセージという形で、率直《そっちょく》に「元首の本心」を語って頂けたのではないかと思っている。内閣や宮内庁、外務省から事前の検閲《けんえつ》は受けていないが、本書によって国益《こくえき》が損《そこ》なわれることはないと信じている。

二〇一二年　九月四日

幸福《こうふく》の科学《かがく》グループ創始者兼総裁《そうししゃけんそうさい》　大川隆法《おおかわりゅうほう》

今上天皇・元首の本心　守護霊メッセージ　目次

今上《きんじょう》天皇・元首の本心　守護霊《しゅごれい》メッセージ

二〇一二年八月二十九日　霊示
東京都・幸福の科学総合本部にて

「霊言現象《れいげんげんしょう》」とは、あの世の霊存在の言葉を語り下ろす現象のことをいう。これは高度な悟《さと》りを開いた者に特有のものであり、「霊媒現象《れいばいげんしょう》」（トランス状態になって意識を失い、霊が一方的にしゃべる現象）とは異なる。

また、人間の魂《たましい》は原則として六人のグループからなり、あの世に残っている「魂の兄弟」の一人が守護霊《しゅごれい》を務めている。つまり、守護霊は、実は自分自身の魂の一部である。したがって、「守護霊の霊言」とは、いわば本人の潜在《せんざい》意識にアクセスしたものであり、その内容は、その人が潜在意識で考えていること（本心）と考えてよい。

なお、「霊言」は、あくまでも霊人の意見であり、幸福の科学グループとしての見解と矛盾《むじゅん》する内容を含《ふく》む場合がある点、付記しておきたい。

今上《きんじょう》天皇・元首の本心　守護霊《しゅごれい》メッセージ

二〇一二年八月二十九日　霊示
東京都・幸福の科学総合本部にて

今上《きんじょう》天皇・明仁《あきひと》（一九三三〜）

第百二十五代天皇。昭和天皇の第一皇子《おうじ》。一九八九年（昭和六十四年）、昭和天皇の崩御《ほうぎょ》を受け、皇位を継承《けいしょう》する。

質問者

本地川瑞祥《もとちかわずいしょう》（幸福の科学出版社長）

小林早賢《こばやしそうけん》（幸福の科学広報・危機管理担当副理事長）

［質問順。役職は収録時点のもの］

1　今上天皇の「ご本心」を訊《き》く

国難のなかにある現在の日本

大川隆法　今日は、ややおそれ多いテーマです。
　私は、現在の日本は国難のなかにあると考えています。昨年は、東日本大震災《だいしんさい》が起きましたし、今年は、ロシア、韓国《かんこく》、中国との間で、領土を絡《から》めての問題が起きています。さらに、今年の春には、北朝鮮《きたちょうせん》のミサイル発射実験もありました。

民主党政権は、非常に不安定な様相を呈《てい》しており、この国の行く末《すえ》について、いろいろと多難な舵取《かじと》りをしているかと思います。

そうしたなかにあって、「今上天皇のご本心はどのへんにあるのか」ということを、国民も本当は知りたいところでしょう。あるいは、野田首相以下の閣僚《かくりょう》も、今上天皇のご本心はご存じないかもしれません。

天皇は「元首的存在」と考えてもよい

大川隆法　日本政府は、韓国大統領が、竹島《たけしま》上陸の数日後、「天皇陛下が韓国に直々《じきじき》に来て謝罪するにしても、具体的な言葉でもって謝罪しなければ納得《なっとく》がいかない」というような発言をしたことに対して、反発をしていますが、諸外国には、「天皇の位置づけ」というものがよく分からないのではないでしょうか。

現在の天皇制は、新しい憲法の下《もと》に発足《ほっそく》した制度ですが、天皇の法律的位置づけは、憲法学的にも、若干《じゃっかん》、微妙《びみょう》というか、難しい問題を含《ふく》んでいるかと思います。

国民主権の考え方から行くと、国民の代表として選ばれた国会議員たちが多数決によって選出した「総理大臣」が、元首のように見えなくもありません。

しかし、その一方、憲法には、天皇が行う行為《こうい》として、幾《いく》つかの国事行為が定められています。

そのなかには、内閣総理大臣の任命もあれば、国会の召集《しょうしゅう》や衆議院の解散もあります。また、外国の大使および公使を接受《せつじゅ》したり、大使の信任状について認証したりすることも含まれています（ただし、国事行為は、内閣の助言と承認に基《もと》づいて行うとされる）。

憲法には、こうした国事行為がいろいろと列挙されています。そのほかにも、大統領や首相等、国賓《こくひん》級の枢要《すうよう》な人物が来たときに接受することもありますが、これらは、いちおう、国家の元首として、なすべき行為のようにも見えます。

このように、天皇の位置づけは、外国から見て非常に分かりにくいばかりではなく、国民から見ても分かりにくいのです。

ただ、一年おきに首相が交替《こうたい》するような現在の政治状況《じょうきょう》から見ると、あるいは、「国民の総意によって、象徴《しょうちょう》天皇制が置かれている」という考え方から見ると、やはり、「天皇は元首的存在である」と考えてもよいのかもしれません。

折々に「お考え」を示されていた昭和天皇

大川隆法　現在の天皇は、古代の天皇のように、具体的な権力は持っておられませんが、皇室は、国民統合の象徴として、百二十五代続いています。

これは現存する世界最古の王朝です。かのローマ帝国《ていこく》でも千年しかもっていません。皇室は、ローマ帝国をはるかに超《こ》えたものであり、「皇紀《こうき》が正しければ」の話ですが、二千六百年から二千七百年続いている世界最長の王朝なのです。

また、「現在の天皇は象徴であり、実権は首相のほうが持っている」ということであったとしても、それも、ある意味では、「日本古来のスタイルにわりあい近い状態にある」と言えるかもしれません。

江戸《えど》幕府の時代以前には、長らく、「実力者あるいは天下の覇者《はしゃ》として将軍がいて、その上に天皇がいる」という時代が続いていました。現在の天皇には、明治天皇のときほどの権力性はありませんが、昔からあるようなスタイルに近いと言えば、近いのです。ただ、昭和天皇は、国難に当たり、さまざまなご聖断《せいだん》を下《くだ》されています。

例えば、二・二六事件では、「事件を起こした将校たちは反乱軍である」と自ら判断されています。また、「先の大戦では、開戦にご反対の趣旨《しゅし》を示しておられた」と聞いておりますし、「終戦のときにも、天皇陛下がご聖断を下された」と伺《うかが》っております。

マッカーサーは、戦後、昭和天皇と会ったとき、こうした昭和天皇の人柄《ひとがら》に感動して、「生けるゴッド（神）に相見《あいまみ》えた」というようなことを言っていますが、「こうしたこともあって、彼は、天皇制を、ほかの敗戦国と同じように廃止《はいし》することができなかった」とも言われています。

現在の天皇陛下からは、新しい憲法制度の下《もと》で教育を受けておられるので、多少、そのあたりのスタンスは変わっておられるかもしれません。

普段《ふだん》は、おそらく、内閣と宮内庁《くないちょう》が合意した内容以外のお言葉は発表できないお立場にあるだろうと思います。

そのため、今回のような外交問題が起きたとしても、天皇陛下は、どのように思われているのか、推測することもできない状態にあるわけです。

今回の霊言《れいげん》は「重大な意味」を持っている

大川隆法　今日は、言葉選びに気をつけなければいけませんが、今上天皇のお考えをご推察申し上げることによって、国民や内閣総理大臣以下の閣僚に、そのお考えを知っていただきたいと思います。

また、諸外国も日本の考えを理解したがっていると思うので、「象徴天皇としては、このように考えておられるらしい」とお伝えすることは、国家の安定と将来に重大な関係があると考えています。

私は、宮中言葉を十分には存じ上げておりませんので、多少、卑俗《ひぞく》な言葉を使って、誤解を招くかもしれませんが、「今上天皇のご本心は、どのあたりにあるか」ということはお伝えできるのではないかと思います。

したがって、今日は、マスコミ的に揚《あ》げ足を取るようなかたちで、お考えを忖度《そんたく》するのではなく、「全体的には、こういうお考えなのだな」ということが分かればよいと考えています。

今回の霊言《れいげん》では、野田首相や外務大臣等にとっても、初めて知るようなことが語られるかもしれません。あるいは、この霊言が、韓国の大統領や、中国の国家主席、次期国家主席等へのメッセージにもなるかもしれません。その意味において、重大な意味を持っています。

なお、「今上天皇は、秋篠宮《あきしののみや》さまにやや似たご性格をお持ちではないか」ということが窺《うかが》われるので、守護霊を通じて本心に迫《せま》った場合、かなりフランク（率直《そっちょく》）に、いろいろなことをお話しになる可能性もあると思います。

もしフランクに話されたとしても、それは、ご本人が直接話された言葉でもなければ、宮内庁承認の言葉でもなく、あくまでも、善意から出た守護霊の言葉です。そのように理解していただければ幸いです。

神事《しんじ》として、今上天皇の守護霊を招霊《しょうれい》する

大川隆法　前置きは、このくらいにいたします。

それでは、現在の国難に当たり、今上天皇のお考え、ご本心の一端《いったん》なりともお伺《うかが》いすべく、現在、今上天皇の守護の任に当たっておられる魂《たましい》のご分身の声を、幸福の科学総合本部に神事《しんじ》として降ろしたいと思います。

（合掌《がっしょう》し、瞑目《めいもく》する）

高天原《たかまがはら》になりませる天御中主神《あめのみなかぬしのかみ》、国常立神《くにとこたちのかみ》、天照大神《あまてらすおおみかみ》よ。どうか、われらの神事をお導きくださいますことを、心の底よりお願い申し上げます。

われら、幸福の科学総合本部において、これより、今上天皇の守護霊を招霊《しょうれい》し、この国の国民《くにたみ》の悩《なや》みを救い、諸外国の人々の疑念を晴らすべく、この国のあるべき姿について、ご質問申し上げる所存であります。

どうぞ、高天原になりませる日本神道《しんとう》の神々よ。われらをご守護・ご指導願いたく、御願《おんねが》い申し上げます。

（二拍手《はくしゅ》を五回行う）

今上天皇の守護霊をこれより招霊いたします。

（約三十秒間の沈黙《ちんもく》）

今上天皇守護霊　ううーん、ああ……。

本地川　おはようございます。今上天皇の守護霊さまでございますでしょうか。

今上天皇守護霊　明仁《あきひと》です。

本地川　本日は、幸福の科学総合本部にお越《こ》しいただき、まことにありがとうございます。

今上天皇守護霊　うーん。

本地川　日々、日本国のために、そして国民のために、いろいろとお力を頂きまして、本当にありがとうございます。その優《やさ》しい温かいお気持ちに、国民一同、心より感謝申し上げます。

今上天皇守護霊　うーん。

本地川　今、日本は、たいへんな国難に遭《あ》っており、国体そのものも、どうなるかが分からないような危機に瀕《ひん》しています。

しかし、民主党政権や多くの国民は、まだそのことに深く気づいていません。そのため、多くの高級霊たちは、この国の行方《ゆくえ》を本当に心配しておられます。

そうしたなか、今上天皇の守護霊さまは、今の日本について、どのようにお考えでしょうか。経済不況《ふきょう》、原発問題、沖縄《おきなわ》の米軍基地問題、中国や韓国やロシアとの領土問題等、山積する日本の問題につきまして、これから、ご質問させていただきたいと思います。また、国体の問題等につきましても、ご質問させていただきたいと存じます。お答えになりにくい面もあるかと思います。また、失礼な言葉もあるかもしれませんが、その点、お許しいただきたいと思います。

申し遅《おく》れましたが、私《わたくし》は、幸福の科学出版を担当しております、本地川瑞祥《ずいしょう》と申します。よろしくお願いいたします。

今上天皇守護霊　はい。

2　竹島《たけしま》・尖閣《せんかく》諸島は日本領である

天皇は「政治的な駆《か》け引き」に使われるべきではない

本地川　初めに、今上天皇の守護霊さまにおかれましては、日本の現状をどのように見ておられますでしょうか。お考え、お気持ちをお聴《き》かせいただければ、ありがたく思います。

今上天皇守護霊　うーん……。〝平成《へいせい》〟の世を願っておりましたものの、なかなか平成ならず、「波《なみ》風《かぜ》の立つこのごろであるな」と感じております。

本地川　先日は、韓国《かんこく》の李明博《イミョンバク》大統領が竹島《たけしま》に上陸するのみならず、あろうことか、天皇陛下に対して、非常に失礼な発言をしました。これについては、どのようなお気持ちでいらっしゃいますでしょうか。

今上天皇守護霊　まあ、韓国の大統領が自らのお考えを率直《そっちょく》にお述べになられたのでありましょうけれども、それは、韓国民の心の総体として、お述べになったものかと存じます。

ただ、私《わたくし》と致《いた》しましては、やはり、「日本の天皇というのは、時事的なる政治的な駆《か》け引きに使われるべき存在ではない」と理解しておりますので、外務省のほうで、ぜひ、両者が分かり合える解決を図《はか》っていただけますことを、心の底より願っております。

本地川　お言葉、ありがとうございます。

近隣《きんりん》諸国から軽く見られている「日本の外交」

本地川　先ほど、大川総裁が述べておられましたが、明治天皇や昭和天皇は、折々に、その御心《みこころ》をお話しされていました。

また、天照大神《あまてらすおおみかみ》様は、以前の霊言《れいげん》のなかで、「天皇は、時折、自らの考えを述べるべきだと思います」とも語られています（『最大幸福社会の実現――天照大神の緊急神示《きんきゅうしんじ》――』〔幸福の科学出版刊〕参照）。

天皇陛下は、昨年の東日本大震災《だいしんさい》のとき、国民にビデオメッセージを送られましたが、現在のこの状況《じょうきょう》についても、何か、お言葉を発されることを、お考えにはなりませんでしょうか。

今上天皇守護霊　うーん……。うーん……。まあ、野田首相が、今、内閣の長《ちょう》として、差配《さはい》しておられることですので、それを乗り越《こ》えて、私のほうから、あれこれと指図《さしず》するようなことがあってはならないと思います。

韓国に対しまして、首相の親書をお送りになったと思いますけれども、「お返事を頂くこともなく、それが返送されてきた」ということに対しては、外交上、国際的にも非常に礼節を失したことであると考えております。

現在、中国では、外交官の守られるべき特権が踏《ふ》みにじられ、「日本大使の車が、中国の車に挟《はさ》まれ、日本国旗を奪《うば》われる」という事態も出たりしております。

この国の外交に関しまして、「近隣《きんりん》諸国が軽く見ているらしい」ということは分かります。

そして、他の友好国や遠い外国は、それを、どのように見ているのか。今、深く感じるものがございます。

結局、彼らは、「先の大戦の歴史認識を持ち出せば、日本に関しては、あらゆる無礼《ぶれい》が許される」と考えておられるのではないかと思いますね。

日本を非難することで国民感情を慰撫《いぶ》しようとする中韓《ちゅうかん》

小林　歴史認識については、日本側では、最近の新しい研究により、正確な事実関係がかなり明らかになってきていると思います。

中国や韓国《かんこく》では、それぞれの国の教育体系のなかで、先の大戦やそれ以前についての歴史認識が教えられているわけですが、今、明らかになってきている事実を踏まえると、両国とも、教育を通して、日中あるいは日韓の友好関係を損《そこ》なうような方向へ持っていこうとしているかのように見えます。

それに関しては、いかがお考えでしょうか。

今上天皇守護霊　東洋に、日本という国があって、まあ、強国であったわけですが、彼らにとって、それが悔《くや》しい存在であったことは事実であろうと思います。

その日本が衰退《すいたい》し、自分たちの川下《かわしも》に立つことによって、満足を得ようとしているのではないかと考えますが、その背景には、彼らの国内における国民感情の慰撫《いぶ》・説得、そのようなものがあるのではないかと考えております。

すなわち、「国内において、国民の不満が溜《た》まっているがゆえに、日本を非難の対象として選ぶことによって、国民の心を一つにしようとしているのではないか」と考えられますね。

最近まで、大きな問題ではなかったのですけれども、「尖閣《せんかく》諸島や竹島《たけしま》周辺には、漁業資源以外に、海底資源が数多く眠《ねむ》っているのではないか」との推定が成り立ってきましたので、それによって、彼らの抗議《こうぎ》活動等も活発化してきたのではないかと思います。

「竹島《たけしま》が韓国《かんこく》領」というのは歴史認識として成り立たない

今上天皇守護霊　竹島《たけしま》に関しましては、韓国《かんこく》の立場から言えば、「日韓併合《へいごう》そのものが、不法であり、不正義であり、無効である」ということで、さらに遡《さかのぼ》って、無効ということにしたいのであろうと思います。

しかし、日韓併合は一九一〇年のことでございますが、日本が竹島を正式に日本領土として編入したのは一九〇五年ということになりますので、「韓国が独立したことによって、竹島が韓国領になる」ということは、歴史認識として成り立たないと私《わたくし》は考えております。

ただ、彼らの立場からすれば、「一九〇五年に竹島が日本に正式に編入されたことにより、それを足がかりとして、韓国併合が行われたのだ」という論理なのだろうと思います。そのため、韓国併合の〝先駆け〟となった竹島のところが、愛国心の向かうべき矛先《ほこさき》にされているのではないかと考えております。

なお、竹島自体は、明治の前の江戸《えど》時代より、日本が、実質上、実効支配していたことは分かっていることであります。

現在、国際司法裁判所に、日本側が提訴《ていそ》する姿勢を見せても、先方が応じないでおりますけれども、やはり、応じられないには、応じられないだけの理由があるわけです。

彼らは、「（竹島は）自分たちのものであるから応じる必要がない」という言い方をしていますけれども、これには、かなり、歴史的な証拠《しょうこ》が積み重なっておりますので、国際司法裁判所で裁判を受けたなら、日本領土であることは確定すると思います。

ということになりますと、「五十数年にわたって、韓国側が不法占《せん》拠《きょ》した」という事実が世界に明らかになり、また、「韓国政府は、韓国国民に対して、一方的な反日教育を行ってきた」という事実も明らかになりますので、政権としては、国民の不満を抑《おさ》えることができなくなります。そこで、「事実関係の有無《うむ》よりも、現実を押《お》し通す」という方向を選んでいるものと考えております。

そして、「日本の自衛隊は、軍隊として機能しているか、いないか」ということが、まだ争点として残っておりますので、彼らは、「その問題が整理されないかぎり、日本に対しては、何事を申しても通用する」と考えているのではないかと思います。

尖閣《せんかく》諸島も、江戸《えど》時代から日本領として認識されている

今上天皇守護霊　また、尖閣《せんかく》諸島におきましては、無人島であった歴史が長いと思いますけれども、これも、江戸《えど》時代ごろから、日本人が領土として認識していたものです。

沖縄《おきなわ》が琉球《りゅうきゅう》と言われた時代には、琉球の一部と認識されておりましたし、最近ではありませんけれども、米軍が進駐《しんちゅう》して、日本にかなりの支配権を持っておりましたときには、米軍は、尖閣諸島のなかの二

島ほどで、爆撃《ばくげき》訓練をやっております。それについて、中国は一度も文句《もんく》を言ったことがございませんので、中国のほうも、「日本領土である」という認識を持っていたものと思われます。

ですから、「米軍が、今、引き揚《あ》げつつあるなか、尖閣周辺に眠っている海底資源を獲得《かくとく》する」ということが、やはり、一つの目標であろうし、また、「尖閣問題をこじらせることによって、さらなる領土的拡張の足がかりにしたい」ということだと思うのです。

尖閣と台湾《たいわん》は距離《きょり》的にも非常に近いので、「両者とも、近年中に手中に収めたい」というのが、おそらく、中国側の本音であろうと思います。

3　中国・台湾《たいわん》との国交について

中国に「台湾《たいわん》との国交断絶」を迫《せま》られたのは「屈辱《くつじょく》」

小林　今、台湾《たいわん》というお言葉を頂きました。

今上天皇守護霊　はい。

小林　旧宗主国《そうしゅこく》という言い方をしますと、一部の国では、いろいろな議論が出るのですが、以前、日本とそうした関係にあり、必ずしも悪い関係ではなかった国の一つとして、台湾があります。

陛下は、この台湾について、あるいは、台湾が今、危機を迎《むか》えようとしていることについて、どのようにお感じになられているでしょうか。お言葉を頂ければ、幸いでございます。

今上天皇守護霊　台湾に関しましては、歴史的に非常に難しい問題を抱《かか》えていると思います。

日中国交回復がなされたとき、「今の中華《ちゅうか》人民共和国と国交を回復する前提条件として、先方が『台湾を国として認めるな』という要求を突《つ》きつけ、日本が『日台《にったい》の国交を断絶する』という条件をのんだ」ということが歴史的にあると思いますけれども、これについても、「日本が、独立国家として、自主防衛がなされるような状態であったならば、そういうことは受けなくてもよかったのではないかな」という感じがいたします。

ですから、これには、日本を信頼《しんらい》していた、台湾の人たちを裏切った点が多いと思います。

今の中華人民共和国と友好関係を結ぶこと自体は、悪いことではないと私は考えておりますが、かと言って、「それまで良好に友好的に付き合っていた台湾に対して、『国家とは見なさない』という立場で、一方的に国交を断絶する」というような踏《ふ》み絵を踏まされたことに対しては、外交面における屈辱《くつじょく》であったのではないかと思うし、日本に対する信頼を著《いちじる》しく損《そこ》ねたのではないかと思われます。

日本が謝罪するのであれば「中華《ちゅうか》民国（台湾《たいわん》）」に対してである

今上天皇守護霊　中華《ちゅうか》人民共和国と中華民国（台湾《たいわん》）との関係は、両者間の問題として残ってはいるのでしょうけれども、「日本の立場は、それに拘束《こうそく》されるものではない」と考えてよいと思うのです。

私《わたくし》としては、「中華民国、台湾政府は、実は日本が交渉《こうしょう》していた正式政府であるので、中国の代表は中華民国である。先の大戦のときも、日本は中華民国と交渉していたのであって、現在の中華人民共和国なるものは存在していなかった。これは、終戦後、毛沢東《もうたくとう》革命によって成り立った革命国家であり、新たな国家の誕生ということであるので、それによって、旧宗主国としての関係が一方的に断絶されなければならない理由はない」と考えております。

その意味で、私は、謝罪するのであれば、中華人民共和国ではなく、台湾のみなさまに謝罪をすべきであると感じております。

小林　お答えいただき、ありがとうございます。

4　民主党政権の危《あや》うさを憂《うれ》う

ルールを無視した習近平《しゅうきんぺい》氏との会見の「不快感」

小林　二〇〇九年十二月、中国の次期国家主席になることが確実視されている習近平《しゅうきんぺい》氏が来日したとき、陛下との会見に関して、ひと騒動《そうどう》がございました。

いわゆる一カ月ルールを無視するかたちで、陛下との会見を申し込《こ》んできたわけですが、「宮内庁《くないちょう》長官が、わざわざ記者会見を開き、民主党政権に苦言を呈《てい》する」という異例の事態もあったように、われわれ国民も、あの件に関しましては、驚《おどろ》きとともに、ある種の怒《いか》りとでも言うべきものを感じました。

中国は、日本への影響《えいきょう》が大きい国でもございますので、多少、機微《きび》にわたりますが、あの件に関することや、また、習近平氏が次の国家主席になろうとしていることなどに関して、ご見解、お言葉を頂ければ、たいへん幸いかと思います。

今上天皇守護霊　まあ、小沢《おざわ》さんたちが力を持っておられたときの、民主党の根回しによって、会見することになったのだと思いますけれども、正直申し上げまして、不快感はありました。

そして、おそらく、中国内の内政問題、権力闘争《とうそう》の問題であろうと私《わたくし》は考えておりました。「過去、誰《だれ》も成していなかったことをやってのけた」ということで、力があるところを中国国内にアピールし、次期国家主席の座をいち早く確定するために、ああいう申し入れをしてきたのではないかと考えます。

ただ、時の政府は、政権交代したあとの、現在の民主党政府でございました。憲法上、天皇は、内閣の助言と承認に基《もと》づいて行動しなければなりませんので、彼らがそう判断するのであれば、すなわち、国民から選ばれた人たちの代表が「それが国益になる」と判断するのであれば、会わざるをえないわけでございます。

もう一段、考えを深めるとするならば、「副主席の段階で、『日本の天皇とルールを曲げてでも会談ができる』という実績をつくった」ということは、「自分が主席になったときに、『自分は日本の天皇よりも格上である』ということを証明するための段取りとして、計画されたことではないか」というようにも理解できます。

「日本国の、時の権力を持っていた者たちが、それを知っていても応じたのか、それとも、それが分からずに応じたのか」は存じかねますけれども、「(民主党政権は)外交に対して、いささかルールを無視したことをなされる政権であるな」ということを感じ続けております。

菅直人《かんなおと》政権は「災《わざわ》い」であった

小林　二〇一〇年に、菅直人《かんなおと》氏が国会で首相に指名されたとき、天皇陛下は、葉山《はやま》の御用邸《ごようてい》にいらした関係で、宮中での親任式が何日か遅《おく》れたわけですが、そのことに関し、いろいろな声が聞こえてまいりました。

民主党のなかには、左翼《さよく》といいますか、皇室に対して否定的な考え方の人もいますので、「菅政権の誕生に対して、何か、陛下の思いがおありなのではないか」ということを、心ある国民は感じ取ったわけでございますけれども、そのあたりについて、何か、お言葉を頂ければ、たいへんありがたいと思います。

今上天皇守護霊　葉山は、海に近《ちこ》うございましてね。私《わたくし》は、ハゼの研究をしておりまして、海洋に詳《くわ》しく、魚類にも詳しい者です。まあ、一定の研究の予定もございますのでね。

そういうことで、日本の首相が、突如《とつじょ》の政変で変わったわけでありまして、あれは、鳩山《はとやま》総理が、中国の温家宝《おんかほう》首相と会見された翌日に、辞任されたのではないかと思われますが、理解不能の不可解な政変ではありましたわね。

交替《こうたい》されるのであれば、やはり、新しい方になってから、お会いになられたほうがよかったのではないかと思います。

あるいは、ある意味では、温家宝首相が、鳩山首相の続投を支えるために来たかのように見えなくもない、ご訪問であったと思います。そういうふうにも見えましたね。

だが、日本の首相は、中国の傀儡《かいらい》政権にはなりませんので、あれは、国際的には、やや非礼に当たったかと思いますし、温家宝氏は、中国に手土産《てみやげ》なしで帰ったようにも見えたかもしれませんけれどもね。

まあ、菅直人政権なるものは、うーん……、「災《わざわ》い」でしたね。

鳩山さんのときの沖縄《おきなわ》問題に関しましても、あなたがたは、「国難」と呼んでおられるのでありましょうけれども、はっきりと申し上げまして、私から見れば、「不祥事《ふしょうじ》」と言うべきものであったかと思いますね。

「日米同盟が基軸《きじく》である」というのが、この国の基本でありますので、たとえ、自民党政府がアメリカ政府と約束したことであったとしても、それを継承《けいしょう》した政権は、やはり、その約束を誠実に履行《りこう》すべきであったのではないかと思います。

「鳩山総理の言葉が、あまりにも軽すぎた」ということに関しては、この国の危《あや》うさを感じました。

国辱的《こくじょく》で、「宰相《さいしょう》の器《うつわ》」ではなかった鳩山《はとやま》氏

小林　私たち国民は、「陛下は、沖縄に対して、特段の思い入れをお持ちでいらっしゃる」ということをよく存じ上げておりますが、「陛下にして、そのお言葉である」ということは、とても重いといいますか、意味のあるメッセージかと思います。

しかし、今、沖縄では、マスコミ等を通して、ある種の反米思想や左翼思想というものが流れに流れております。こうした世情《せじょう》に関しまして、どのようにご覧になっておられるでしょうか。

今上天皇守護霊　沖縄の国民から見れば、米軍に植民地支配されていたわけであって、日本に本土返還《へんかん》されるまで二十数年もの歳月《さいげつ》がかかっておりますから、「他国に植民地化されていた歴史の痛みを、本土の人間たちが理解していない」ということに対する不満はくすぶっているであろうと思います。

さらに、アメリカの軍政下にあったときには、「本土返還される」ということが彼らの悲願・宿願でもあり、「日本領土入りすることで、自分たちの悩《なや》みや苦しみの大半は解消されるものである」と思っていたのにもかかわらず、まあ、「裏切られた」という思いが数多くあっ

法シリーズ

太陽の法
エル・カンターレへの道

創世記や愛の発展段階、悟りの構造、文明の流転、多次元宇宙の神秘を明快に、かつ体系的に説き明かした仏法真理の基本書。全世界に愛読者を持つ現代の聖典。2,100円

黄金の法
エル・カンターレの歴史観

あなたの常識を覆す、壮大なスケールで開示された過去・現在・未来の真実！　偉人たちの転生を西洋、東洋、日本に分けて解説し、人類の未来をも予言した空前絶後の人類史。

2,100円

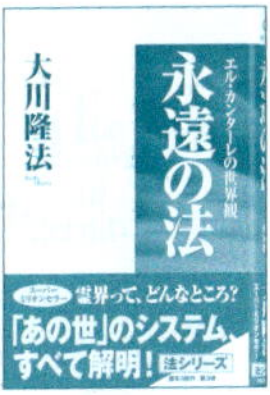

永遠の法
エル・カンターレの世界観

死後まもない人が行く世界から、神秘のベールの向こう側にある救世主の世界まで――。これまで隠されていた「霊界」の全貌を明らかにした衝撃の書。　2,100円

救《きゅう》世《せい》の法　信仰と未来社会

なぜ、宗教は必要なのか。どうして、信じる必要があるのか。幸福の科学は、何をめざしているのか。その答えが、この1冊に。1,890円

教育の法　信仰と実学の間で

教育再生への挑戦。学校への信頼、熱心な人格者としての教師、伸びていくことを喜びとする生徒。――そんな教育を、この日本からつくりたい。「いじめ」から子供を守る対処法＆解決法も収録！

1,890円

創造の法　常識を破壊し、新時代を拓く

過去の延長上に未来は築けない。今日の成功を明日は破壊し、この世に新しい価値観を生み出せ。自ら誇り高き奇人・変人となり、創造力で新文明を拓く、常識破壊の書。　1,890円

勇気の法　熱血火の如くあれ

人生のあらゆる困難や挫折に打ち克ち、たとえ失敗しても何度でも立ち上がれ。混迷を極める現代において、あなたが成すべきこととは何か――。著者の熱い言魂が響きわたる。　1,890円

注文書　この用紙で本の注文が出来ます！

	冊
	冊
	冊
	冊

—

— —

入
き
チェック

郵便振込…振込手数料　窓口 120 円　ATM 80 円
コンビニ振込…振込手数料 60 円
代引き…代引手数料 260 円
送料…1,470 円以上は送料無料
　　　1,470 円未満は送料 300 円

先 03-5573-7701

注文⇒ 幸福の科学出版ホームページ　幸福の科学出版　検索
http://www.irhpress.co.jp/

リーダイヤル 0120-73-7707　「カタログを見た」とお伝えください
（月～土 9：00 ～ 18：00）

お問い合わせも 0120-73-7707 までお気軽にどうぞ。

たのかもしれません。

先の大戦のときに、南方の島々は別としまして、軍事力により、占《せん》領《りょう》されたのは……、ある程度以上の大きさを持った島国・日本として具体的に占領されたのは、沖縄だけであります。

「日本の国が、最終決戦場として沖縄を選び、あそこで、猛火《もうか》の下、二十万を超《こ》える人たちが亡《な》くなった」ということが、「沖縄を見捨てた」という気持ちが残る原因にもなったのだと思われます。

「洞窟《どうくつ》のなかに隠《かく》れ住み、火炎《かえん》放射器で焼かれた人々」や「万歳《ばんざい》を叫《さけ》んで、崖《がけ》から飛び降りていった人々」の記憶《きおく》が生々《なまなま》しい沖縄島民が、何らかのきっかけで、日本国に対して反発したくなるのは、気持ちとしては、よく分かります。

私《わたくし》も、沖縄を訪問し、ひめゆりの塔《とう》に行ったとき、あれは火炎瓶《びん》でしたか、何かの抗議《こうぎ》活動を受けた記憶がありますけれども、そのくらい、本土に対する悔《くや》しさというか、やるせなさというか、そういうものがあるのは分かります。

純粋《じゅんすい》で優《やさ》しい性格をお持ちの鳩山《はとやま》元総理は、おそらく、あまりの反発の大きさに直面して純粋に驚かれ、「何とかしなければいけない」と思い、反射的に、「米軍基地の国外移転、最低でも県外移転」ということを軽々しく口にしてしまったのではないかと思われます。

ただ、一国の総理たるものが、一年、総理を続け、その退任に当たり、「抑止力《よくしりょく》というものを勉強させていただきました」というようなことを言うのは、やはり、「国辱《こくじょく》」と言わざるをえず、「宰相《さいしょう》の器《うつわ》ではなかった」と断言せざるをえないと思います。

5 「失われた二十年」についての見直しを

小林　中国に関連して、もう一つ、質問させていただきます。

中国は、この二十年間、毎年十パーセント以上の増加率で軍事費を増大させてきており、西太平洋のほうにも出てこようとしています。あるいは、宇宙兵器の開発にも入っているようです。

今、こうした中国の軍事的脅威《きょうい》が、世界的に危機感を持って語られております。

翻《ひるがえ》って、皇室の歴史を振《ふ》り返ってみたとき、なぜ神武《じんむ》天皇が国を統一し、大和朝廷《やまとちょうてい》をつくられたかというと、「群雄割拠《ぐんゆうかっきょ》のままでは、外国に侵略《しんりゃく》される」という国防上の危機意識があったからだと思うのです。

こうした国の成り立ちを踏《ふ》まえ、陛下は、中国の脅威に関して、どのように見ておられるでしょうか。お言葉を頂ければありがたく思います。

今上天皇守護霊　やはり、日本の内政の不備・不調に付け込《こ》まれていると感じております。

ついこの前まで、中国は、「一人当たりの生産性が日本人の百分の一しかない」と言われていたにもかかわらず、ほんの二十年余りで、急成長してきました。

私は、統計数値をそれほど信用してはおりませんけれども、彼らの発表する統計数値によれば、「昨年、ＧＤＰの世界第二位が中国で、日本は三位になった」とのことであります。

「日本は、経済的な前進がまったくない状態で、二十年間、立ち続けていた」ということであるならば、すなわち、「アキレスと亀《かめ》」ではありませんが、アキレスが走らないで立ったままであれば、どんな亀でも追い抜《ぬ》いていくであろうと思いますね。

郵便はがき

料金受取人払郵便

赤坂局
承認

6467

差出有効期間
平成28年5月
5日まで
(切手不要)

1 0 7 - 8 7 9 0

112

東京都港区赤坂2丁目10−14
幸福の科学出版(株)
愛読者アンケート係 行

ご購読ありがとうございました。
お手数ですが、今回ご購読いただいた書籍名をご記入ください。

書籍名

フリガナ お名前	男・女	歳
ご住所 〒 都道府県		
お電話(　　　　)　　　−		
e-mail アドレス		
ご職業	①会社員 ②会社役員 ③経営者 ④公務員 ⑤教員・研究者 ⑥自営業 ⑦主婦 ⑧学生 ⑨パート・アルバイト ⑩他(　　　)	

ご記入いただきました個人情報については、同意なく他の目的で使用することはございません。ご協力ありがとうございました。

愛読者プレゼント☆アンケート

ご購読ありがとうございました。今後の参考とさせていただきますので、下記の質問にお答えください。抽選で幸福の科学出版の書籍・雑誌をプレゼント致します。(発表は発送をもってかえさせていただきます)

1 本書をお読みになったご感想
(なお、ご感想を匿名にて広告等に掲載させていただくことがございます)

2 本書をお求めの理由は何ですか。
①書名にひかれて　②表紙デザインが気に入った　③内容に興味を持った

3 本書をどのようにお知りになりましたか。
①新聞広告を見て [新聞名：　]
②書店で見て　③人に勧められて　④月刊「ザ・リバティ」
⑤月刊「アー・ユー・ハッピー?」　⑥幸福の科学の小冊子
⑦ラジオ番組「天使のモーニングコール」　⑧幸福の科学出版のホームページ
⑨その他 (　)

4 本書をどちらで購入されましたか。
①書店　②インターネット (サイト名　)
③その他 (　)

5 今後、弊社発行のメールマガジンをお送りしてもよろしいですか。
はい (e-mailアドレス　) ・ いいえ

6 今後、読者モニターとして、お電話等でご意見をお伺いしてもよろしいですか。(謝礼として、図書カード等をお送り致します)
はい ・ いいえ

弊社より新刊情報、DMを送らせていただきます。新刊情報、DMを希望されない方は右記にチェックをお願いします。　□DMを希望しない

要するに、日本が国際競争力に対しての国家戦略を持ちえなかったことが残念であります。

その間《かん》、中国・韓国《かんこく》等は、英語熱等を上げて、国際競争力を増《ま》そうとしていたのに、日本は、「ゆとり教育」といって、国際競争力を自ら落としていきました。

その前は、国際競争力において世界最高水準の教育力を誇《ほこ》っていたにもかかわらず、「もう十分な成功をした」というような慢心《まんしん》からか、国際競争力を落としていったわけです。

そして、そのゆとり世代が実社会に出るに当たって、企業《きぎょう》の活動が非常に不調になっていっているように見えますね。

ですから、この二十年についての見直しは、十分になされていないと考えます。

おそらく、これは、ソ連邦《れんぽう》の崩壊《ほうかい》が起きて、本来、共産主義陣営《じんえい》が雪崩《なだれ》を打って崩壊しなければならない時期に、日本のマスコミと安保《あんぽ》世代を生きた国民とが、共産陣営的メンタリティーを守るために、日本国内において、まったく別途《べっと》の行動を取ったものと考えられますね。

中華人民共和国は、ソ連邦の崩壊を見て、自らが崩壊しないように、拡張的侵略主義を強めていきましたが、それと同じように、日本国内においては、「資本主義の失敗、自由主義市場による発展の失敗」というものを演出する人たちがいたのではないかと感じられます。

6 「反日的活動」に対する危機意識

安保闘争《あんぽとうそう》のときに感じていた「皇室存亡《そんぼう》の危機」

小林　そのあたりの危機感に関して、さらに、お訊《き》きいたします。

三年前、昭和天皇の霊言《れいげん》を収録させていただいたとき、昭和天皇は、「皇室は近いうちに危機を迎《むか》える可能性が高い」と語られていました（『明治天皇・昭和天皇の霊言』〔幸福の科学出版刊〕参照）。

あるいは、陛下ご自身のお言葉としても、皇太子時代に、安保闘争《あんぽとうそう》の激しさをご覧になられ、「浩宮《ひろのみや》（現皇太子徳仁親王《なるひとしんのう》）の代で最後になるのか」というご発言があったようにも伺《うかが》っております。

皇室の危機感は、安保世代による世論誘導《せろんゆうどう》とも関係すると思いますが、その状況《じょうきょう》に関しましては、いかがお考えでしょうか。

今上天皇守護霊　安保闘争時代、皇室は、やはり、存亡《そんぼう》の危機を感じ取っておりましたね。

マッカーサー個人による好意によって、あるいは、父・昭和天皇の御徳《おんとく》によって、皇室の存続が決まったわけであるけれども、安保闘争の論理的な帰結は、結局、「皇室の廃止《はいし》」であろうし、「中国による日本の属国化」ということであって、あれは、「日本から〝アメリカ帝《てい》国《こく》〟を排斥《はいせき》する」という運動であったと思います。

確かに、日本が戦った敵は、主としてアメリカであったことも事実であるので、先の敗戦をまだ記憶《きおく》している多くの日本人にとっては、潜在的《せんざい》に、「アメリカ憎《にく》し」の気持ちがあったと思います。

要するに、「三百万人の邦人《ほうじん》を殺した主力はアメリカである」ということに対する気持ちが、やはり、水面下にあったことは事実であろうと思います。

ただ、マッカーサーが、皇室を廃止にされなかった理由の一つは、

「昭和天皇が、終戦後、全国を巡幸《じゅんこう》なされても、何らテロ事件も起きなかった」ということです。

それを見て、現代的に言えば、「中東の独裁者たちとは違《ちが》う」ということを感じ取られたと思います。中東の独裁者たちの場合、そういう巡幸などをしておりましたら、あっという間に、テロ行為《こうい》で暗殺されるでしょうからね。

つまり、「（昭和天皇は）国民から本当に敬愛されていたのだ」と理解していただいたことで、皇室は存続したのだと思います。

そして、私《わたくし》が美智子《みちこ》と結婚《けっこん》することによって、一つの新しい皇室のブームが起き、それがちょうど日本の高度成長と重なっていきましたが、皇室にとっては、それが再建の追い風になったのではないかと思うのです。

日本には「愛国心教育」がなく「国家意識」が欠《か》けている

今上天皇守護霊　ですから、安保闘争のときにも危機はあったし、そのときに左翼《さよく》として全学連の運動をやっていた伊藤忠《いとうちゅう》の会長が、民主党政権によって、今、中国大使に任命されています。

おそらく、丹羽《にわ》大使そのものも、日本の日の丸などは好きではない方《かた》で、むしろ、捨てたいぐらいの方であろうと思いますが、「その方が乗られた公用車が、中国の車に挟撃《きょうげき》され、日本の日の丸を奪《うば》われる」という事件が起きました。

中国人のほうは、「乃木《のぎ》将軍の時代のように、日の丸を奪われることは、日本人にとって、切腹《せっぷく》をしなければいけないほどの恥辱《ちじょく》だ」というように理解しているのにもかかわらず、丹羽大使のほうは、実は、そのように思っていないのではないでしょうか。もともと、「日の丸は不必要なもの」と思っていたのではないかと思いますね。

民主党政権は、こうした、反日的活動をなされた方を中国大使になされ、中国の利益になるように、歓心《かんしん》を買うかたちで、現地に送ったにもかかわらず、今回、このようなことが起きたわけです。

中国の歓心を買う活動をしておられる方が、すなわち、竹島《たけしま》や尖閣《せんかく》諸島事件等について、反日的な方向に判断をなされるような方が襲撃《しゅうげき》をされるという事態について、大使自らも悩乱《のうらん》し、判断しかねているのではないかと思います。

また、大使を任命した民主党政権の幹部の方々も、理解がいかないのではないかと思いますね。

経団連は、「民主党政権になれば、中国との関係が深まって、日本の景気がよくなる」と思って、民主党を後押《あとお》しし、その結果、政権交代が起きたのでありましょうけれども、現実には、彼ら（中国人）は金儲《もう》けだけで考えているのではありません。愛国心教育によって、彼らの国家意識は非常な高まりを見せております。

それに相対《あいたい》するのに、日本には、愛国心教育もなく、国家意識もない。日本の商人道《しょうにんどう》だけで、それに対応しようとしたところに、大きな誤りがあるのではないかと思います。

7　「靖国《やすくに》問題」をどう見ているか

靖国《やすくに》神社で慰霊《いれい》を行うのは、憲法上、難しいと考える

本地川　私のほうから、ご質問させていただきます。

先ほど、「昭和天皇の徳の力によって、国体の危機を免《まぬが》れた」というようなお話を聴《き》きましたが、今も、皇室の徳や権威《けんい》というものが、一つの大きな力になるのではないかと思います。

そして、皇室の権威の源は、やはり、「天照大神《あまてらすおおみかみ》の子孫《しそん》である」ということや、「日本神道《しんとう》の神官の長《ちょう》である」ということにあると思います。

したがって、こうした天皇のお立場を、国民にもっともっと浸透《しんとう》させていかなければならないとも考えております。

そして、それに付随《ふずい》いたしまして、靖国《やすくに》問題があると思います。

私は、「内閣総理大臣は宗教家ではないので、総理がいくら靖国神社に参拝《さんぱい》をしても、亡《な》くなった英霊《えいれい》にとっては、なかなか慰《なぐさ》めにはならないのではないか」と考えております。

やはり、神官の長であられます天皇陛下が、靖国神社に参拝され、祈願《きがん》や祈禱《きとう》をされることが、英霊にとって、大きな救いになるのではないかと思うのです。

靖国の問題につきまして、今上天皇は、今、どのようなお考えをお持ちでしょうか。

今上天皇守護霊　憲法上、政教分離《ぶんり》規定というものをはめ込《こ》まれてしまったために、天皇は、先の国家神道的な活動ができないようにされております。その主たる目的は、「国家神道と政治との密着を許さない」ということだと思います。

要するに、「天皇が、日本神道の祭司《さいし》長として、『亡くなられた方々の冥福《めいふく》を祈《いの》る』という慰霊《いれい》の活動をしないように、政教分離規定がはめ込まれている」と考えられる点がございますので、あなたがおっしゃるようなことは、そんなに簡単ではないと思います。

靖国《やすくに》問題は内政干渉《かんしょう》であり、不快の念を禁じえない

今上天皇守護霊　ただ、私《わたくし》としては、まあ、それは、私ではなく、私の父である昭和天皇の御代《みよ》のことではありますけれども、天皇陛下のために戦い、そして、「靖国《やすくに》で会おう」と誓《ちか》い合って、散っていった人たちの魂《たましい》を慰める仕事は、宗教心のある民族であるならば、国

家であるならば、誰《だれ》しも理解しえるところであります。

これに関しまして、他国より、さまざまなる中傷、あるいは、内政干渉《かんしょう》が行われておりますが、非常に不快の念を禁じえません。

「われらが憲法の規定により、天皇自らが靖国に参拝し、慰霊することはできない。憲法解釈《かいしゃく》上、それは難しい」ということは分かりますけれども、靖国に帰ってくることを誓い、散っていった特攻隊《とっこうたい》の人々は、非常に無念な思いでおられることと思います。

「戦没者《せんぼつ》を慰霊する」というのは、戦勝国であれ、敗戦国であれ、許されることでございます。「戦勝国だけが、戦没者を慰霊してよく、敗戦国においては、国のために戦った人は、すべて犯罪人であって、慰霊してはならない」というようなことは、国際的に見て通らない議論であると私は考えております。

たまたま、それを主張している国が、宗教を否定する唯物論《ゆいぶつ》・無神論の国家であるのかもしれませんが、少なくとも、「度《ど》を超《こ》している」と思わざるをえません。

「不戦の誓《ちか》い」が日本の未来の阻害《そがい》要因になっている

本地川　日本が、外国からの批判に対し、非常に弱腰《よわごし》であることの背景の一つとして、「戦後の自虐《じぎゃく》史観」というものがあると思います。

特に、今の政権与党《よとう》である民主党には、自虐史観を持った人たちが数多くおり、それに基《もと》づいて、外交などの政権運営がなされている面もあるように見えますが、天皇陛下は、それについて、どのようにお感じになっていらっしゃるでしょうか。

今上天皇守護霊　明治天皇におかれては、天皇を至上とする国家運営において、数々の戦勝・武勲《ぶくん》を立てられた方であるので、人々の信仰《しんこう》もまことに篤《あつ》かったことと存じます。

しかし、先の大戦においては、天皇を奉《ほう》じ、神国日本を唱《とな》えつつも、敗れ、皇室はかろうじて生き延びました。

そのことに関しまして、私は、教育の過程において、「万一《まんいつ》、また戦争があり、今度も日本が敗れるようなことがあったならば、皇室の存続はありえない」と、諄々《じゅんじゅん》と諭《さと》されてまいりました。

ですから、「不戦の誓《ちか》いなるものは、皇室の存続のためである」というようなことを、繰《く》り返し繰り返し薫習《くんじゅう》されてきた記憶がございます。

ただ、それが、この国家における未来の阻害《そがい》要因になっているのであれば、残念なことであろうと思います。

「皇室を存続させるために、北朝鮮《きたちょうせん》や韓国《かんこく》、中国、ロシア等から、いくら挑発《ちょうはつ》を受けても、何ら、主権国家としての毅然《きぜん》たる対応ができない」ということであれば、それは、日本国民に対して、たいへん残念な精神的影響《えいきょう》を遺《のこ》したものであると考えざるをえません。

8　北朝鮮《きたちょうせん》に対する外交姿勢

国家としての主権の危機にある日本

小林　今のお言葉にございました、「北朝鮮《きたちょうせん》などに対して、毅然《きぜん》たる態度を取れない」ということに関連いたしますが、陛下は、拉致《らち》問題について、「返す返《がえ》すも残念である」という、メッセージ性のあるお言葉を、明確におっしゃられたことがあります。

　また、「国民の幸せを常に願っていた天皇の歴史に思いを致《いた》し」というお言葉を、陛下は折々に語っておられます。
　そこで、今の北朝鮮の状況《じょうきょう》とその体制に関し、ご見解を聴かせていただければと存じます。

今上天皇守護霊　「少なくとも百人を超《こ》える日本人が拉致されたのではないか」と思われており、「まだ生存している者が数多くいるのではないか」という推測も立っているなかで、国際常識に基《もと》づき、その身柄《みがら》の引き渡《わた》しを要請《ようせい》できない国家は、実に恥《は》ずべき国家であると思うと同時に、この状況には、日本国民であることの誇《ほこ》りを失わしめるものがあると思います。

さらに、「北朝鮮が核《かく》武装を進めておるがゆえに、それが、いっそう困難になる」という状況でありましたならば、まさしく、国家としての主権の本当の危機と言うべきではないかと思います。

拉致被害者《らちひがいしゃ》の一刻も早い帰国を

今上天皇守護霊　日本が、朝鮮半島の方々を、日本国民として、同胞《どうほう》として受け入れていた時期も三十数年ございます。
かの地の方々には、「日本国民から不当な差別を受け、侮辱《ぶじょく》された」

という思いも数多くあるのかもしれません。

しかし、日本としては、かの国の発展のために、できうるかぎりのことをしたことも、また事実であります。北朝鮮にある水力発電のダムだとて、日本がつくったものであるはずです。

そうしたことに関しては、一切《いっさい》、考えることなく、「現在の不幸、あるいは経済的な困窮《こんきゅう》は、すべて日本が原因である」というように捉《とら》えているならば、やはり、一方的な洗脳がなされていると言わざるをえません。

さらに、北朝鮮の先の主席（金正日《キムジョンイル》総書記）から伝えられた言葉として、「日本人を拉致《らち》することは、軍事演習の一環《いっかん》として行われた」

ということを伺《うかが》っておりますが、そうであるならば、なおさら許しがたいことです。

私は、「日本国民は、日本国民であることの誇りを失ってはならない」という気持ちでいっぱいであります。

また、「生存せる拉致被害者《ひがいしゃ》がいるならば、強い外交姿勢でもって、その人たちが一刻も早く母国に帰れるようにしてあげたい」という気持ちでいっぱいでありますので、そうした戦後体制の見直しが早く進むことを、心より願うものであります。

小林　ありがとうございます。

9 「消費税増税」に対する感想

小林　内政に関しまして、もう一点、質問させていただきます。

先ほど、「『失われた二十年』について、経済政策の失敗に関する反省と総括《そうかつ》ができていない」とのお言葉を賜《たまわ》りましたが、今、この日本におきましては、「消費税増税」など増税の問題が出てきております。

私たち国民は、子供のころに、必ずと言ってよいほど、仁徳《にんとく》天皇の故事を教わります。

夕刻の夕食時に、仁徳天皇が高台から村々をご覧になられたところ、かまどから炊事《すいじ》の煙《けむり》が立ちのぼっていませんでした。

それは飢饉《ききん》があったからですが、今風に言えば、「大不況《ふきょう》だから」ということに置き換《か》えられるかと思います。

それをご覧になられた仁徳天皇は、「年貢《ねんぐ》を免除《めんじょ》しよう」というご英断をなさいました。今で言えば免税です。そして、自ら粗食《そしょく》に甘《あま》んじ、宮殿《きゅうでん》の改修も一切《いっさい》せずに耐《た》えられました。

三年後、再び夕食時にご覧になったところ、炊事の煙が数多く立ちのぼっていたため、国民《くにたみ》が豊かに暮らしていることが分かり、仁徳天皇は税を元に戻《もど》されたのです。

私たちは、そういう故事を知っておるわけでございます。陛下から、「天皇は、国民と苦楽を共にすることに努めなければならない」というお言葉を頂いておりますが、ここでの天皇は広く為政《いせい》者《しゃ》にも置き換えられ、「総理大臣や国会議員などは、国民と苦楽を共にすることに努めなければならない」ということになるかと思います。

仁徳天皇の故事を踏《ふ》まえ、今の経済政策のあり方、国の税制のあり方に関して、ご見解を賜れれば、たいへんありがたく存じます。

性急に増税した野田総理への「不信の念」

今上天皇守護霊　経済政策については、それほど詳《くわ》しくはございませんし、また、「述べるべき任にもない」と理解しておりますので、僭《せん》越《えつ》なことを申し上げることはできないかと存じます。

ただ、一言《ひとこと》、言うとするならば、それは次のようなことです。

昨年、東日本大震災《だいしんさい》があって、国民の多くが悲しみと苦しみのなかに置かれました。そのなかにあって、決死的な救援《きゅうえん》活動やボランティア活動にいそしまれた方や、義援金を集められた方など、国民を挙げて努力がなされた実績があるなかで、十分な議論もなされずに、将来に向かっての増税が、多数を背景にして一気に決められました。

これは、先の「外交姿勢における失政」と同じく、「現在の民主党政権が、政治の運営について、十分な経験を持っていないことが原因ではないか」と考えられます。

財務省に、増税を望む意見があり、その財務省を所管していた大臣が次に総理大臣になったため、その意見が通ったのでありましょうけれども、「その総理大臣が、もし、ほかの分野を所管する大臣も経験なされていたならば、増税の判断に留保が付いたのではないか」と思うところは多々ございます。

今回の増税には、震災で鞭打《むち》たれた国民に対して、さらに鞭を打った感がありますし、不況で苦しんでいるなかに、「将来にわたって、さらに増税を続ける」という、強固な意思表示がなされたように感じます。

もちろん、私どもを含《ふく》め、政府関係者一同など、税金によって生活を立てている者にとって、税金は必要不可欠なものであり、国民に納税をお願いしなければならないものではあります。

しかし、あまりにも性急に引き上げられたことに関して、一定の不信の念を抱《いだ》くものであります。また、その税金の使途《しと》についても、まだ、不明な点が多々あります。

そのため、「これで本当によかったのか。先の震災復興資金のように、国民を誤解せしめたのではないか。震災からの復興を目指し、国民の心が善意でいっぱいになっているときに、増税をぶつけ、彼らの善意に便乗して宿願を果たしたのではないか」と感じないわけではないのです。

経済発展がなければ、税収増がなくて当たり前

今上天皇守護霊　近代の国家経営は、とても難しいので、私にも分かりかねるところはあります。ですから、増税が本当に必要なのかもし

れませんが、少なくとも、この二十年間、経済発展がまったくなかったならば、税収増もないのが当たり前です。

税収増がなくて当たり前であるにもかかわらず、税収増があったかのごとく税金を使ってきたのであるならば、それが問題なのではないかと思われます。

つまり、「国民全体の経済規模、いわば一軒《いっけん》当たりの収入が変わらないにもかかわらず、政府が使ったお金のほうが税収より大きい」ということならば、「その使い方のなかに、経済効果のない使い方が数多くあったのではないか」という疑念が生じてきて、止《と》まらないように思います。

私は、「今の役所は、古い体質のままであり、ニュービジネスの世界などを理解していない。それが大きいのではないか」と考えております。「役人には、新しいビジネスの発展モデルが理解できず、『そういうものが、将来の税金を生む産業になる』ということが、十分に分からなかったのではないか」という感触《かんしょく》を持っているのです。

本地川　ありがとうございます。

10　沖縄《おきなわ》や尖閣《せんかく》諸島は中国に領有されるのか

本地川　「先般《せんぱん》の東日本大震災《だいしんさい》も、昨今の、いろいろな風水害も、天《てん》上界《じょうかい》の意志の表れではないか。政権運営のまずさや、国民の信仰心《しんこうしん》が薄《うす》くなってきたことに対する、警告ではないか」とも、お教えいただいているのですが、今上陛下におかれましては、これに関して、どのようにお考えでしょうか。

今上天皇守護霊　「平成の世が〝平成〟ではない」ということは、天皇である私自身の不徳の致《いた》すところであろうかと思います。〝平成〟な世を願っておったのではあるけれども、そうではないわけです。

そして、あなたがたによれば、「大国による侵略《しんりゃく》も近づいている」との考えも出されているようです。全部がそのとおりになるかどうかは分かりませんが、「少なくとも、部分的には、そのようなことが実現してしまう可能性は、かなりの程度、あるのではないか」と考えております。

ですから、私の代において、台湾《たいわん》や沖縄《おきなわ》、尖閣《せんかく》諸島、こういう所が中国に領有されていくところを見ることになるのかどうか、今、それを感じているところです。

また、私は何度か病気をしておりますので、そう長く生きることができないのであれば、それが起こるのは次の天皇の代ということになりますが、そうした危機に次の天皇が直面した際、それを乗り切るだけの力がおありになるかどうか、非常に心配をしております。

本地川　ありがとうございます。

11　幸福の科学をどう見ているか

本地川　話は変わりますが、こういう「国体の危機」の時期には、元首の立場が非常に大きな意味を持つかと思います。

ただ、現憲法下での天皇は、元首なのか、元首ではないのか、立場が非常に曖昧《あいまい》でございます。この状態で、天皇ご自身があまりにも政治と一体になると、その存続が危《あや》ぶまれるかと思いますが、国体の危機のときには、やはり、元首の立場、あり方もまた変わるのではないかと思われます。

幸福の科学や幸福実現党では、天皇を、「元首」ではなく、「文化的、象徴《しょうちょう》的な存在」として考えているのですが（『新・日本国憲法 試案』〔幸福の科学出版刊〕参照）、これについて、今上陛下は、どのようにお考えでしょうか。

今上天皇守護霊　うーん。「天皇制廃止《はいし》にも持っていけるし、温存にも持っていけるし、どちらにも持っていける考え方ではあろう」と見ております。それが、右翼《うよく》の人たちが心配しているところではないかと思います。

　ただ、あなたがたの信仰《しんこう》体系は、おそらく、さまざまな宗教を乗り越《こ》えていき、それらを糾合《きゅうごう》しようとする考え方なので、先の大戦のときの「八紘一宇《はっこういちう》」的な考え方を、さらに推《お》し進めたような考え方に見えなくもありません。

　「これが、次に、いったい何を導くのか」ということについては、いろいろと議論が分かれているところであり、一部のマスコミや国民が心配し、不信の念を持っている点も、そこにあるのではないかと思います。

　また、この教団には優《すぐ》れた指導者がいらっしゃるので、ある程度、的確な判断がなされることとは存じますけれども、それは天皇制と同じであって、教団というものは、そうした実力主義でつないでいけるものでは必ずしもありません。

宗教と政治との関係における、両者の距離《きょり》の取り方の難しさには、皇室と政権との距離の取り方の難しさと同じようなものが、やはり、あるのではないかと思います。

今のところ、選挙では、あまり勝ててはいらっしゃらないようにお見受けいたしますけれども、「国民の多くは、宗教政党に、それほど望ましい感触《かんしょく》を持っていない」というのが率直なところであり、マスコミは、それを代弁しているのではないかと感じています。

12　今上天皇の過去世《かこぜ》は「允恭《いんぎょう》天皇」

小林　最後に、たいへん畏《おそ》れ多い質問ではございますが、陛下の過去《かこ》世《ぜ》について、お伺《うかが》いさせていただきます。

陛下は、皇国二千六百年の歴史のなかで、今とは別の時代にも、ご活躍《かつやく》をしておられたのではないかと推察申し上げます。

幸福の科学には、「美智子《みちこ》皇后は過去世で建礼門院徳子《けんれいもんいんとくこ》さまでいらっしゃった」という霊査《れいさ》もございます。

陛下のご威容《いよう》や人となりを理解させていただく上で、重要かと思われますので、そういったことに関し、差し支《つか》えのない範囲《はんい》で、お言葉を賜《たまわ》れれば、たいへんありがたく存じます。

今上天皇守護霊　うーん。そのようなことは、やはり、余計な質問と言わざるをえないかもしれません。

私は、かつても天皇として生まれたことはございますけれども、あなたがたが百二十五代の天皇の名をすべて暗記しているわけではなかろうから、それを言っても虚《むな》しいかもしれません。

「かつて天皇のなかに名を遺《のこ》したものの一人ではある」ということ

を言っておきます。

まあ、允恭《いんぎょう》天皇（仁徳《にんとく》天皇の第四皇子《おうじ》で、第十九代天皇）という天皇が、歴史上、存在しますけれども、おそらく、あなたがたの頭には、その御代《みよ》の政治は記憶《きおく》されていないことと思われます。

本地川　本日は、本当にありがとうございました。失礼なことも数々あったかと存じますが、その点につきましては、お詫《わ》び申し上げます。

本日は、まことにありがとうございました。

大川隆法　（今上天皇の守護霊に）ありがとうございました。

13 「今上天皇守護霊の霊言《れいげん》」収録を終えて

一定の見識を持ち、政治的判断をなされている

大川隆法　どうでしたか。かなり言ってくださったほうでしょうか。

小林　これはすごいです。

大川隆法　言葉は丁寧《ていねい》ですけれども、けっこう言ってくださいました。

小林　ええ。言葉は丁寧ですが、メッセージの中身は……。

大川隆法　非常にストレートでしたか。

小林　これはすごいです。

大川隆法　言葉は丁寧でも、きつい内容ではありました。

小林　きついし、明快です。

大川隆法　「天皇陛下が、ここまで政治的判断をしておられるとは思わなかった」というのが一般《いっぱん》的な感想でしょうか。

小林　国民にとって、これは驚《おどろ》きだと思います。

大川隆法　民主党の幹部も、ここまで政治的判断をなされているとは思っていなかったでしょう。

小林　はい。そうだと思います。

大川隆法　ただ、天皇という立場上、どうしても政治的判断を表明できないのでしょうし、おそらく、何らかの行動で不快感を表すぐらいしか、方法はないのでしょう。政変が起きそうなときに、御用邸《ごようてい》に行かれたり、休みを取られたりして、不快感を示したりなさるのかもしれません。

なかなか本音を語れない方でしょうから、今回、「こういうお方である」ということを、どこまでお伝えできたかは分かりませんが、ご本心の一部が垣間《かいま》見えたのではないかと思います。

その意味では、韓国《かんこく》の大統領に対する返事にもなっているかもしれませんし、中国の次期国家主席に対するメッセージにもなっているかもしれません。

また、今、日本の政権を担《にな》っている者や、次に担う者に対するメッセージも入っているかもしれないと思います。

ただの〝操《あやつ》り人形〟ではなく、一定の見識を持っておられるのです。

したがって、権力は行使されなくても、宮中で、いろいろと、ご下《か》問《もん》がなされると、返答に窮《きゅう》する人が出てくるのではないでしょうか。

視野のなかに「大阪維新《おおさかいしん》の会」は入っていない

大川隆法　丹羽《にわ》大使が日の丸の旗を盗《と》られた事件については、「本人が日の丸を必要としていなかったのではないか」というようなことを、おっしゃられました。これは、かなりのご本心でしょう。

そして、「本当は皇室に反対であったと思われる人物を、大使として中国に送り込《こ》んだことは、利敵行為《こうい》に当たるのではないか」というようなご判断をなさっていました。現実には、天皇は大使の任命に反対できないでしょうが、そういう考えをお持ちだったのです。

それから、鳩山《はとやま》元首相に対するご意見も、かなり厳しいものでしたし、菅《かん》前首相については、「もはや言葉がない」と思っておられるように感じました。

野田首相に関しては、「増税一本で来たけれども、閣僚《かくりょう》経験が足りなかった点が裏目に出たのではないか」というようなことを言っておられました。

視野のなかには、「大阪《おおさか》維新《いしん》の会」など、まったく入っていません。政策立案能力、国政担当能力があるとは、まったく思っておられないように見えます。

小林　地方分権に関する質問も用意してはいたのですが、一部、他の質問と内容が重なるため、お伺《うかが》いしませんでした。しかし、お考えを推察できるようにお話しくださったと思います。

大川隆法　むしろ、「国家主権の確立と外交問題の解決、そして、国家の景気回復による経済の拡大を行いなさい」と言っておられるように見えます。

だから、「二十年間、経済規模が同じで、どうして増税ができるのだ」とおっしゃったのでしょう。当たり前です。それは国民が苦しくなるだけのことです。

「少子化」は中国だって同じです。中国は、「一人っ子政策」によって若者が減り、年寄りが増え、日本と同じ社会構造になっていますが、経済規模は拡大しています。

これについては、もう一段、考えなくてはいけないでしょう。

わが宗教やわが党が、お役に立てれば幸いである

大川隆法　今回、今上天皇のお考えは、かなりはっきりと出たのではないでしょうか。

「野田首相の前に首相を務めた二人に対しては、評価は厳しいだろ

う」と推定していましたが、野田首相に対しても、十分に厳しい面はありました。財務省に乗せられ、そのままやっていることが、よくお分かりだったのでしょうか。

それと、外務省に関しては、かなり不満をお持ちでしょう。外務省や防衛省等に自分からは言えないけれども、やはり、「何とか国家の権威《けんい》を取り戻《もど》してもらいたいものだ」と感じておられるのではないでしょうか。

いちおう、台湾《たいわん》、沖縄《おきなわ》、尖閣《せんかく》諸島のあたりまで取られることを、想定していらっしゃるようではあり、「次の代、皇太子殿下《でんか》の代についてのご心配も始めておられる」というところでしょうか。

ご病気をされても、去年は東日本大震災《だいしんさい》の被災地《ひさいち》を見舞《みま》われましたし、今年《ことし》は、手術のあと、エリザベス女王の即位《そくい》六十周年記念行事に参加されたりして、かなり無理をなさっているので、「不惜身命《ふしゃくしんみょう》」で仕事をしておられるのかもしれません。

やはり、先のことの心配をかなりなさっているようです。

わが宗教（幸福の科学）も、わが党（幸福実現党）も、まだまだ力不足ではありますが、言論活動等をはじめとして、何らかのお役に立てれば幸いに思います。

今の憲法体制の下《もと》で、天皇陛下は、がんじがらめになり、自由ではないのです。

お訊《き》きしたいことは、ほかにも数多くあるのでしょうが、このへんで止《と》めておきましょうか。

地方分権についてお訊きしても、きっと、「それは明治維新の反対ですね」とおっしゃって終わりでしょう。今の沖縄の動きについて、県民感情を理解しつつも、本当は不本意なようでしたからね。

ご本人の言葉ではなく、〝翻訳《ほんやく》〟した言葉である

大川隆法　今回の霊言《れいげん》が、どのような方の参考になるか、分かりませんが、「ある程度、意見を出された」ということは、意外なこととし

て受け止められるかもしれません。

私どもは、今回の霊言収録について、宮内庁《くないちょう》からお叱《しか》りを受けたりすることもあるかもしれません。

通常、皇室を扱《あつか》うことはタブーなので、難しいところに切り込んでいるのでしょう。

先般、雅子妃《まさこひ》の守護霊の霊言を収録したところ（『皇室の未来を祈《いの》って』〔幸福の科学出版刊〕参照）、某《ぼう》週刊誌に「一線を越《こ》えた」と書かれましたが、「今上天皇の守護霊の霊言」となると、もう、〝三線を越えた〟というあたりまで行《い》ってしまったかもしれません。

その意味では、幸福実現党にも頑張《がんば》っていただきたいものです。

ただ、私どものほかには、今上天皇の守護霊の意見を聴けるところはないでしょうし、意見を発表する場もないでしょう。内閣や宮内庁を通して、外部等への批判もできないでしょう。

皇太子さまが、雅子妃に関する話のなかで、「人格否定」というような言葉を使っただけでも、そうとうな騒《さわ》ぎになったので、皇族の場合、言葉遣《づか》いがとても難しく、天皇陛下がここまで言うのは大変でしょうから、今回の霊言の内容に関しては、いろいろと衝撃《しょうげき》が走る場合もあると思います。

しかし、これは、幸福の科学が間接的に推察し、〝翻訳《ほんやく》〟した言葉であり、ご本人のお言葉ではありません。「『ある程度、こういう考えをお持ちなのではないか』と、私のほうで推察している」という程度に理解していただければ幸いです。

あとがき

思いのほか、厳しく、はっきりとした信念をお持ちの方だと感じられた。

過去世で、有名な仁徳《にんとく》天皇の皇子《おうじ》で、允恭《いんぎょう》天皇であられたことを明らかにされたので、これは、国家の経済政策、財政政策が、再び国民生活を苦しめるものにならないことを願ってのことと思われる。

まことに僭越《せんえつ》かとは存じるが、諸外国の代表に無礼なる者もおり、不肖《ふしょう》、大川隆法、今上天皇にかわりて、そのご本心の一端《いったん》なりともお伝え致したく、本書を出版する次第である。

二〇一二年　九月四日

幸福《こうふく》の科学《かがく》グループ創始者兼総裁《そうししゃけんそうさい》　大川隆法《おおかわりゅうほう》

『今上天皇・元首の本心 守護霊メッセージ』大川隆法著作関連書籍

『最大幸福社会の実現―天照大神の緊急神示―』(幸福の科学出版刊)
『明治天皇・昭和天皇の霊言』(同右)
『新・日本国憲法 試案』(同右)
『皇室の未来を祈って』(同右)

今上天皇《きんじょうてんのう》・元首《げんしゅ》の本心《ほんしん》 守護霊《しゅごれい》メッセージ

2012年9月17日　初版第1刷

著　者　　大《おお》 川《かわ》 隆《りゅう》 法《ほう》

発行所　　幸福の科学出版株式会社

〒107-0052 東京都港区赤坂2丁目10番14号
TEL(03)5573-7700
http://www.irhpress.co.jp/

印刷・製本　株式会社 堀内印刷所

落丁・乱丁本はおとりかえいたします

ISBN978-4-86395-242-3 C0030
Photo: 時事

大川隆法 ベストセラーズ・日本の平和と繁栄のために

皇室の未来を祈って

皇太子妃・雅子さまの守護霊インタビュー

ご結婚の経緯、日本神道との関係、現在のご心境など、雅子妃の本心が語られる。日本の皇室の「末永い繁栄」を祈って編まれた一書。

1,400円

保守の正義とは何か

公開霊言
天御中主神・昭和天皇・東郷平八郎

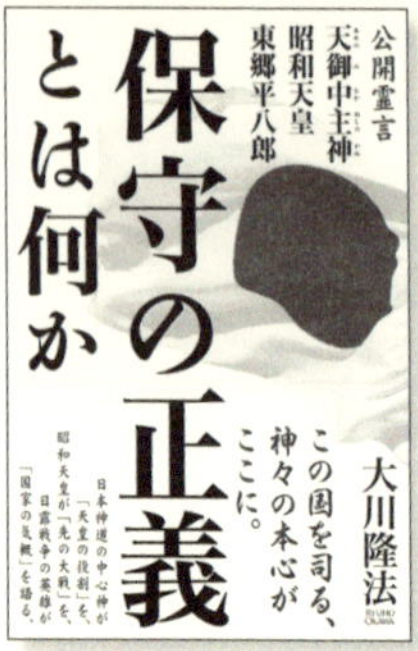

日本神道の中心神が「天皇の役割」を、昭和天皇が「先の大戦」を、日露戦争の英雄が「国家の気概」を語る。

1,200円

明治天皇・昭和天皇の霊言

日本国民への憂国のメッセージ

両天皇は、今の日本をどのように見ておられるのか？ 日本において〝タブー〟とされている皇室論についても、率直な意見が語られる。

1,000円

※表示価格は本体価格（税別）です。

大川隆法ベストセラーズ・天照大神の緊急神示

天照大神のお怒りについて

緊急神示 信仰なき日本人への警告

- 東日本大震災に続く天変地異の予兆
- 天照大神は民主党政権を厳しく批判している
- 「次なる神罰」が近づいているのか
- 今、国会は悪魔に占拠されている
- 残された時間は一年もないかもしれない
- 神の国づくりに邁進せよ　ほか

1,300円

無神論で日本を汚すことは許さない！
日本の主宰神・天照大神が緊急降臨し、
国民に厳しい警告を発せられた。

最大幸福社会の実現

天照大神の緊急神示

三千年の長きにわたり、日本を護り続けた天照大神が、国家存亡の危機を招く民主党政権に退陣を迫る！ 国民必読の書。

1,000円

幸福の科学出版

神武《じんむ》天皇は実在した

初代天皇が語る日本建国の真実

◆神武天皇の実像と日本文明のルーツ
◆天御中主神《あめのみなかぬしのかみ》、天照大神《あまてらすおおみかみ》、木花開耶姫《このはなのさくやびめ》の真実の姿
◆出雲《いずも》伝説とヤマタノオロチ
◆大東亜戦争における日本の正当性
◆中国や韓国に、どう接していくべきか
◆日本人に対するメッセージ　ほか

1,400円

神武天皇の実像と、日本文明のルーツが明らかになる。現代日本人に、自国の誇りを取り戻させるための「激励のメッセージ」！

日本武尊《やまとたけるのみこと》の国防原論

緊迫するアジア有事に備えよ

アメリカの衰退、日本を狙う中国、北朝鮮の核──。緊迫するアジア情勢に対し、日本武尊が、日本を守り抜く「必勝戦略」を語る。

【幸福実現党刊】

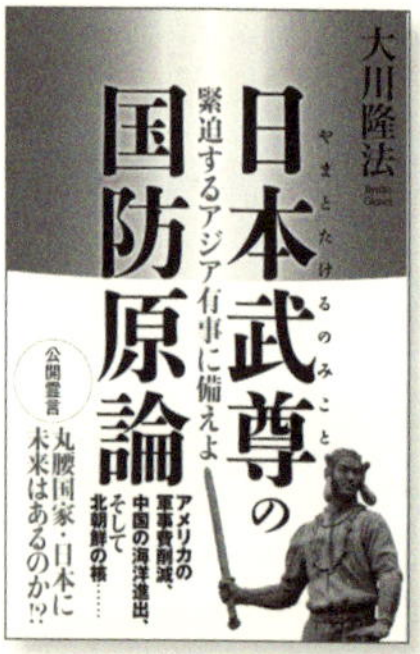

1,400円

※表示価格は本体価格（税別）です。

大川隆法ベストセラーズ・政治の混迷を打破する

公開霊言
天才軍略家・源義経なら現代日本の政治をどう見るか

先の見えない政局、続出する国防危機……。現代日本の危機を、天才軍事戦略家はどう見るのか？ また、源義経の転生も明らかに。

【幸福実現党刊】

1,400円

佐久間象山
弱腰日本に檄を飛ばす

国防、財政再建の方法、日本が大発展する思想とは。明治維新の指導者・佐久間象山が、窮地の日本を大逆転させる秘策を語る！

【幸福実現党刊】

1,400円

カミソリ後藤田、日本の危機管理を叱る
後藤田正晴の霊言

韓国に挑発され、中国に脅され、世界からは見下される――。民主党政権の弱腰外交を、危機管理のエキスパートが一喝する。

【幸福実現党刊】

1,400円

神秘の法

次元の壁を超えて

2012年10月6日
ロードショー

この世とあの世を貫く秘密を解き
明かし、あなたに限界突破の力を
与える書。この真実を知ったとき、
底知れぬパワーが湧いてくる！

1,800円

公式ガイドブック①
映画「神秘の法」が明かす近未来シナリオ

［監修］大川隆法

この世界は目に見える世界だけで
はない。映画「神秘の法」に込め
た願いが熱く語られる、近未来予言
映画第2弾の公式ガイドブック。

1,000円

幸福の科学グループのご案内

宗教、教育、政治、出版などの活動を通じて、地球的ユートピアの実現を目指しています。

宗教法人　幸福の科学

一九八六年に立宗。一九九一年に宗教法人格を取得。信仰の対象は、地球系霊団の最高大霊、主エル・カンターレ。世界百カ国に迫る国々に信者を持ち、全人類救済という尊い使命のもと、信者は、「愛」と「悟り」と「ユートピア建設」の教えの実践、伝道に励んでいます。

（二〇一二年八月現在）

公式サイト
http://www.happy-science.jp/

愛

幸福の科学の「愛」とは、与える愛です。これは、仏教の慈悲《じひ》や布施《ふせ》の精神と同じことです。信者は、仏法真理をお伝えすることを通して、多くの方に幸福な人生を送っていただくための活動に励んでいます。

悟り

「悟り」とは、自らが仏の子であることを知るということです。教学《きょうがく》や精神統一によって心を磨き、智慧《ちえ》を得て悩みを解決すると共に、天使・菩薩《ぼさつ》の境地を目指し、より多くの人を救える力を身につけていきます。

ユートピア建設

私たち人間は、地上に理想世界を建設するという尊い使命を持って生まれてきています。社会の悪を押しとどめ、善を推し進めるために、信者はさまざまな活動に積極的に参加しています。

国内外の世界で貧困や災害、心の病で苦しんでいる人々に対しては、現地メンバーや支援団体と連携して、物心両面に渡り、あらゆる手段で手を差し伸べています。

年間３万人を超える自殺者を減らすため、全国各地で街頭キャンペーンを展開しています。

公式サイト
http://www.withyou-hs.net/

ヘレン・ケラーを理想として活動する、ハンディキャップを持つ方とボランティアの会です。視聴覚障害者、肢体不自由な方々に仏法真理を学んでいただくための、さまざまなサポートをしています。

公式サイト
http://www.helen-hs.net/

教育

学校法人 幸福の科学学園

幸福の科学学園中学校・高等学校は、幸福の科学の教育理念のもとにつくられた学校です。人間にとって最も大切な宗教教育の導入を通じて精神性を高めながら、ユートピア建設に貢献する人材輩出を目指しています。

幸福の科学学園
中学校・高等学校（男女共学・全寮制）
2010年4月開校・栃木県那須郡

TEL **0287-75-7777**

公式サイト
http://www.happy-science.ac.jp/

関西校（2013年4月開校予定・滋賀県）
幸福の科学大学（2015年開学予定）

仏法真理塾「サクセスNo.1」

小・中・高校生が、信仰教育を基礎にしながら、「勉強も『心の修行』」と考えて学んでいます。

TEL **03-5750-0747**（東京本校）

心の面からのアプローチを重視して、不登校の子供たちを支援しています。また、障害児支援の「**ユー・アー・エンゼル!**」運動も行っています。

不登校児支援スクール「ネバー・マインド」

幼少時からの心の教育を大切にして、信仰をベースにした幼児教育を行っています。

エンゼルプランV

NPO 活動支援

学校からのいじめ追放を目指し、さまざまな社会提言をしています。また、各地でのシンポジウムや学校への啓発ポスター掲示等に取り組むNPO「いじめから子供を守ろう！ネットワーク」を支援しています。

公式サイト **http://mamoro.org/**

ブログ **http://mamoro.blog86.fc2.com/**

相談窓口 **TEL.03-5719-2170**

政治

幸福実現党

内《ない》憂《ゆう》外《がい》患《かん》の国難に立ち向かうべく、二〇〇九年五月に幸福実現党を立党しました。創立者である大川隆法党名誉総裁の精神的指導のもと、宗教だけでは解決できない問題に取り組み、幸福を具体化するための力になっています。

党員の機関紙
「幸福実現News」

TEL 03-6441-0754
公式サイト
http://www.hr-party.jp/

出版 メディア 事業

幸福の科学出版

大川隆法総裁の仏法真理の書を中心に、ビジネス、自己啓発、小説など、さまざまなジャンルの書籍・雑誌を出版しています。他にも、映画事業、文学・学術発展のための振興事業、テレビ・ラジオ番組の提供など、幸福の科学文化を広げる事業を行っています。

TEL 03-5573-7700
公式サイト
http://www.irhpress.co.jp/